SYLLABAIRE.

PREMIER LIVRET

DE LECTURE.

STRASBOURG,

Chez F. G. LEVRAULT, imprimeur du Roi
et de l'Académie.

1829.

STRASBOURG, de l'imprimerie de F. G. Levrault.

N.° 1. Syllabe simple et directe.

Voyelles.

Cons.	i	u	o	a	e
n	ni	nu	no	na	ne
m	mi	mu	mo	ma	me
r	ri	ru	ro	ra	re
l	li	lu	lo	la	le
j	ji	ju	jo	ja	je
t	ti	tu	to	ta	te
d	di	du	do	da	de
b	bi	bu	bo	ba	be
p	pi	pu	po	pa	pe
c	,,	cu	co	ca	,,
g	,,	gu	go	ga	,,
v	vi	vu	vo	va	ye
f	fi	fu	fo	fa	fe
s	si	su	so	sa	se
z	zi	zu	zo	za	ze
h	hi	hu	ho	ha	he

N.° 2.   Continuation.

*l'*a me	*la* ra ve	*la* ga le	so li de
*l'*a mi	*la* ri ve	*la* hu re	*la* pe lo te
u ne	*le* mo de	ha ro	*la* pa ro le
u ni	mi di	*le* ma ri	*la* sa li ve
du re	jo li	*la* ma re	*la* fa mi ne
di re	ja le	vi de	ba di ne
pa pa	ro me	*l'*a va re	*la* pa ru re
la pi pe	*la* ra me	o va le	*la* pe lu re
po li	*la* mi ne	u ti le	zo zi me
la pi le	me nu	*la* pa na de	mo bi le
ri re	ca le	ma la de	*la* ra vi ne
ra re	*la* mu le	*la* fi gu re	ra pi de
pu re	fa de	*la* tu li pe	*la* to pa ze
le pa ri	*le* so fa	*la* do ru re	*le* na vi re
la ca ve	*la* ju pe	pe ti te	*le* pi lo te
la cu ve	ju re	*la* sa la de	*la* ca ba le
ru de	*la* ro be	*la* na ri ne	nu bi le
la ri de	*la* lu ne	*le* sa me di	la ti ne
la da me	go be	*la* fa ri ne	a vi de
de mi	*la* ga ze	*la* ca ra fe	a va le

N.° 3.   Continuation.

la gaze	*la* tulipe	gobe	*le* pilote
la robe	*le* demi	rare	petite
menu	pure	*la* salive	*la* topaze
la lune	*le* mari	joli	*la* rive
jure	*le* haro	*la* rame	*la* salade
le sofa	*le* rire	*le* pari	*la* dorure
*l'*ame	*la* cuve	*la* cale	*le* samedi
utile	*la* pile	*la* farine	badine
la mule	*la* cave	rude	*la* figure
dire	uni	avale	mobile
fade	*le* papa	*le* navire	*la* narine
la mine	*l'*avare	*la* ride	*la* cabale
rome	dure	latine	ovale
la hure	*la* jupe	avide	*la* dame
la jale	*la* gale	*la* parole	*la* pelure
le midi	*la* rave	rapide	nubile
le mode	une	*la* parure	*la* carafe
la ravine	*la* pipe	zozime	*la* pelote
la mare	*l'*ami	*la* famine	*le* malade
le vide	poli	solide	*la* panade

N.° 4.   Même syllabe, autres mots.

ira	*la* file	*l'* olive	*le* ridicule
dira	muni	*le* volume	*la* jujube
vive	*la* bube	*le* canari	nazale
paru	*la* note	*la* parade	*la* capitale
venu	*la* lime	*la* pilule	aboli
dore	*la* lame	*l'* obole	*la* solitude
la dupe	*la* cure	*le* favori	timide
gogo	fume	*la* cabane	inutile
puni	fine	lazare	rebute
la mite	*la* cane	*la* rigole	*l'* amazone
fini	sera	devenu	*la* faribole
hola	*la* lave	divine	totale
le tube	fera	retenu	*la* carabine
le cube	bare	*le* cacao	salira
dodu	jeta	imita	sonore
gare	sale	redire	*la* savonade
vole	mena	retire	madame
tenu	*le* code	*la* future	*la* caracole
la bile	*la* hure	aride	punira
le rite	*la* gaze	*la* solive	*le* camarade

N.º 5.   Même syllabe avec les voyelles accentuées.

        e   é   è   ê

rabote	*le* mérite	*le* remède	l'épine
raboté	*la* mère	*la* bête	*la* colère
colore	péri	lanifère	*le* rêve
coloré	*le* père	bêle	*le* légume
la note	relevé	*la* vipère	*le* modèle
noté	relève	*la* tête	*le* carême
devine	zélé	madère	*le* canapé
deviné	*le* zèle	*la* fête	réuni
dore	numéro	*la* galère	*le* mélèze
doré	amère	même	obéi

     a â,   i î,   o ô,   u û,

le pari	évite	*la* pelote	mure
la pâte	vite	l'atôme	*la* mûre
cane	timide	*la* comète	subite
l'âne	*la* dîme	côme	sûre
la dame	minime	picote	*le* mâle
la hâte	l'abîme	*la* côte	*le* malade

N.º 6.   Continuation.

mène	sépare	tolère	démêle
fêlé	séparé	toléré	fidèle
pèle	l'arène	fagote	l'aridité
pelé	l'arête	jérôme	halète
l'ami	égaré	aéré	le vitupère
la râpe	égare	aère	furète
tâte	la vanité	modère	coopère
valu	la pâture	modéré	le bipède
hâlé	l'élève	sire	dénature
fine	élevé	la sirène	aliène
dîne	l'alène	la nature	aliéné
la lime	médire	la mâture	défigure
l'île	la salive	révélé	inanimé
le hère	hâtive	révèle	l'utilité
fêne	l'idiôme	rebâti	la divinité
la note	cajole	la capote	réitère
ôte	bénite	ramène	réitéré
dote	tiède	répété	délibère
le môle	la pitié	répète	délibéré

N.° 7.   Même syllabe avec les cons. var. c, g, s.

ç = s.   c = s devant e, i.

recule	le calice	docile	la capucine
reçu	situé	ceci	l'avarice
suture	cécile	récèle	la médecine
l'écale	la racine	cédé	la canicule
deçà	la malice	la société	la capacité

g = j devant e, i.

déjà	la rigole	le ménage	l'origine
la page	gêne	le manége	le réfugié
la figure	agité	la cigale	la pagode
le juge	le tapage	le gîte	la mégère
gémi	légère	dégelé	l'agilité

s = z entre deux voyelles.

la gaze	la sicile	résolu	désolé
jase	l'asile	désiré	refusé
la salive	l'usage	la masure	la bêtise
la rose	la mesure	la besace	la solitude
rusé	la misère	la cerise	la valise

N.º 8. Continuation.

semé	azuré	paginé	*l'*azerole
cela	usité	*la* remise	favorise
la puce	*la* résine	*l'*usure	*l'*ajustage
la cire	*la* merise	*l'*orage	*le* sibarite
ici	facile	*la* céruse	*le* domicile
laça	*la* judèle	*le* négoce	*la* ciselure
jeté	*le* cirage	*la* cécité	imaginé
âgé	amusa	*le* céléri	facilite
le zéro	décidé	*le* déluge	*la* camisole
lèse	agaça	désuni	*la* véracité
déçu	menace	*l'*égide	*la* légèreté
nagé	régalé	*l'*usine	*la* docilité
le vice	*le* visage	*le* potage	générale
rasé	rosine	abuse	*la* célérité
la face	*la* façade	*la* tisane	rivalise
la bise	résidu	navige	*la* dédicace
agi	litige	*la* tamise	*l'*obésité
la hâse	novice	réside	désabuse
zoé	rosace	*l'*étage	*la* devise
la vase	agile	*la* bazane	*le* pâturage

N.° 9. Même syllabe avec les capitales.

1. A a | P p, C c, D d,
   E e | B b, G g, M m,
   I i | R r, J j, N n,   H h
   O o | T t, L l, V v,
   U u | F f, S s, Z z,

2. Papa   Ceci   Dodu   l'Arabe
   la Bube   le Gage   Même   Ève
   Rire   la Jujube   Nina   Ici
   Têtu   Légale   Vive   l'Usure
   Fifi   Sise   Zizanie   Haha

3. AGILE   la HASE   la POLICE
   la BESACE   JOLI   la ROTULE
   CÉCILE   l'IMAGE   la SALADE
   DIVISÉ   LÉGÈRE   le TAPAGE
   la TAMISE   la MISÈRE   l'USAGE
   la FAÇADE   la NARINE   VIVACE
   le GALA   l'OBOLE   la ZIBELINE

N.° 10.   Même syllabe avec plusieurs consonnes en tête.

1   bl   br   cl   cr   dr   fl   fr   gl   gr
     pl   pr   tr   vr
       sc   scr   sp   st   str

2 le Blâme   le Globe   Strié   Blême
   la Bride   la Grive   la Spatule   la Plage
   Clôre   la Plume   la Grêle   la Scène
   la Crême   la Prune   la Glace   le Platane
   la Plane   la Trêve   Fragile   le Plumage
   la Flûte   le Scribe   la Grâce   Spécule
   la Place   Brave   le Scrupule   le Trône

3 le Livre   l'Église   le Colibri   la Gravité
   le Câble   le Caprice   Rétabli   Agréable
   Sucré   Abrégé   la Fenêtre   Flétri
   la Règle   Écrasé   Établi   Spéciale
   le Hêtre   Aplani   Capable   Stable
   le Sable   l'Écluse   Balafre   le Précipice
   la Câpre   l'Agrafe   le Genièvre   le Crible
   la Fable   Négligé   Grisâtre   la Glèbe
   la Lèvre   Rétréci   l'Apôtre   le Fromage

N.° 11.   Syllabe inverse.

1. ab   ap   ad   at   ac   ag   af   al   am   an   ar   as
    eb   ep   ed   et   ec   eg   ef   el   em   en   er   es
    ib   ip   id   it   ic   ig   if   il   im   in   ir   is
    ob   op   od   ot   oc   og   of   ol   om   on   or   os
    ub   up   ud   ut   uc   ug   uf   ul   um   un   ur   us

2. *l'*Arbre   *l'*Ermite   Arrosé   *la* Ruelle
   *l'*Urne   *l'*Arcade   *l'*Office *la* Truelle
   *l'*Orge   *l'*Organe   Effaça   *la* Moelle
   *l'*Astre   Obtenu   Opposé   Réelle
   *l'*Ordre   *l'*Ulcère   Assure   *la* Nielle
   Orné   *l'*Alcove   Appelé   *l'*Écuelle
   *l'*Orme   *l'*Espèce   Assise   *la* Bluette
   le Noel   *l'*Espace   Irrésolu   *la* Miette
   le Duel   Espère   Illimité   *l'*Assiette
   Réel   Estimé   Efficace   *la* Griotte
   Cruel   *l'*Argile   Occupé   *la* Luette
   Elle   Ergoté   Illicite   *le* Lierre
   Erré   Espacé   Allume   *la* Pierre

N.° 12.   Combinaison des deux Tabl. précéd.

le Pli	filial	accusé	*l'*Espiègle
la Trace	allumé	accède	Spirituel
le Blé	allité	*le* miracle	*l'*Astronome
la Flore	usuel	accablé	*l'*Estrade
la Glu	actuel	accéléré	*le* Problème
la Flûte	stupide	suprême	Jovial
le Pré	*la* sciure	annuel	Médiocre
le Cabri	obligé	*la* clôture	Blâmable
Dru	*l'*opiat	affamé	*le* Vitriol
Libre	*l'*orbite	affligé	*l'*Albâtre
la Clé	*le* prêtre	*la* structure	*le* Préjudice
Notre	obsédé	friable	*l'*Esclavage
*l'*Os	glacial	*la* planète	*le* Sacrifice
Raclé	*la* reprise	*l'*octobre	*l'*Alliage
*l'*Est	propre	risible	Organise
Scié	admise	arrivé	*le* Girofle
*l'*Arc	absolu	arrête	*l'*Artifice
Inné	*l'*éclipse	opprimé	Déplorable
Anne	*le* glanage	fragile	Propice

N.° 13.   Syllabe composée

le Bal	*le* Vol	Stuc	Pur	Tel
le Bac	*le* Roc	*le* Parc	Purgé	Telle
le Cap	*le* Soc	*le* Marc	Car	*le* Col
le Lac	*le* Bol	*le* Tact	*la* Carpe	Collé
le Val	*le* Bloc	*le* Talc	*le* Cor	*le* Mal
Jar	*le* Troc	*le* Turc	*la* Corde	*la* Malle
Frac	*le* Froc	*le* Musc	Dur	Vil
le Bec	*le* Broc	*le* Busc	Durci	*la* Ville
Sec	*le* Sud	*le* Fisc	*le* Ver	Fol
le Cep	*le* Suc	*le* Rapt	*la* Vertu	*la* Folle
la Nef	Juc	*le* Porc	*le* Sol	*le* Sel
Bref	*le* Fût	Mars	*la* Solde	*la* Selle
le Grec	Sur	*le* Nerf	*le* Cal	Nul
le Nil	Sûr	*le* Malt	*le* Calme	Nulle
Vif	*le* Mur	Zest	Par	Mol
le Tir	Mûr	Vest	Parmi	Molle
le Rit	Sus	*le* Serf	For	*la* Vis
le Cil	*le* Duc	*le* Laps	*la* Forge	Vissé
la Dot	Brut	*le* Lest	*la* Force	Job

N.° 14.   Continuation.

Pal	*le* Buste	*la* Justice	Supposé
la Palme	*le* Cercle	*la* Morsure	Corrigé
le Fil	Dormi	*la* Victime	*la* Serrure
Filtré	Forte	*la* Cascade	*le* Collége
le Mal	*le* Geste	*la* Gargote	Possède
Malgré	*la* Herse	*le* Vestige	*le* Supplice
le Cor	Jaspé	Disposé	Commode
la Corne	*la* Larme	*le* Service	Succède
la Mer	*le* Muscle	Cultivé	*la* Vaccine
le Merle	Nette	Fustigé	Suggère
Bel	*la* Poste	*le* Costume	Dissipé
Belle	*le* Reste	Subside	Disciple
le But	*le* Sceptre	Voltige	Passagère
Butté	*le* Tartre	Respire	*la* Structure
Mil	Vaste	*la* Gerçure	*le* Spectacle
Mille	*le* Zeste	*le* Corsage	Prescrire
le Fer	*le* Flegme	*le* Solstice	*la* Sculpture
Fermé	Stricte	Suscité	*la* Doctrine
Fertile	Svelte	Harcelé	Pulvérisé

N.° 15.   Continuation.

Celle	Vanné	*le* Fil	Amical
Cette	*la* Manne	*le* Profil	*le* Basilic
la Salle	Connu	*le* Pic	Abusif
la Hotte	Nommé	*l'* Aspic	*l'* Occiput
la Griffe	*la* Somme	*la* Mer	*le* Colonel
la Serre	Comme	Amer	*le* Similor
la Terre	Gemme	Vil	*le* Parasol
la Jappe	*la* Flamme	Civil	Criminel
la Canne	*le* Mardi	*le* Canif	*l'* Arsénic
Banni	*la* Clarté	Bâtir	*le* Général
Donné	*la* Garde	*le* Dégel	Abstenir
Bonne	Gercé	*le* Trésor	*l'* Arsenal
le Renne	Sarclé	*l'* Essor	Abétir
la Case	Hurle	*le* Désir	Décisif
la Classe	*le* Clergé	*l'* Appel	Libéral
Bossu	Perça	Obscur	Tricolor
Blessé	Fardé	*le* Public	*le* Lucifer
Tressé	Hardi	Natif	*le* Tribunal
Berça	*la* Gorge	*le* Trafic	*le* Vomitif

N.º 16. Continuation.

céleste	Retardé	*la* Cuvette	cotonne
le copiste	Énorme	*la* Gazette	façonne
l' asperge	Superflu	Regrette	*la* colonne
l' amorce	*la* Récolte	*la* Culotte	bâtonne
absurde	*le* Précepte	*la* Javelle	maçonne
l' écorce	*la* Citerne	*la* Gamelle	gazonne
bizarre	*la* Giberne	*la* Flanelle	tisonne
atteste	Accordé	*la* Semelle	galonné
révolté	Accepté	*la* Pupille	susanne
ajusté	*l'* Alarme	*la* Cerise	renommé
l' escorte	*le* Sépulcre	*la* Génisse	méconnu
la liberté	*la* Lucarne	*la* Réglisse	calomnié
délecte	Occulte	*le* Délice	annulé
la faculté	Élargi	*l'* Espèce	*l'* opuscule
la luzerne	Illustre	*la* Sagesse	irascible
la caserne	*la* Taverne	*la* Finesse	désespère
résulte	Acerbe	*la* Besace	*le* monastère
déserte	*le* Registre	*la* Bécasse	*le* caractère
réservé	Hasardé	Dépasse	*l'* apostème

N.° 17.   Continuation.

le légiste	tardif	*la* collecte	cervical
robuste	mortel	suspecte	*le* corridor
le tumulte	ternis	respecté	subvenir
acosté	*le* calcul	*la* discorde	*le* purgatif
l' asbeste	massif	discerne	pectoral
adulte	*le* mastic	*la* personne	portatif
le fumiste	captif	submergé	successif
affecté	*le* nectar	*la* mollesse	pervertir
adossé	subtil	*le* commerce	subversif
hérissé	hennir	*la* sonnette	personnel
funeste	*le* bissac	*la* vergette	suggestif
résiste	formel	*la* cervelle	collectif
déteste	passif	digestif	„ " „
harassé	dormir	éternel	Recèle
molesté	*le* pastel	obscurcir	Resselle
objecte	zigzag	immortel	Ressemelé
assiste	durcir	effectif	Ressalué
la majesté	*le* micmac	*le* pronostic	Ressuscité
inepte	farcir	ramollir	Ressème etc.

N.° 18.   Consonnes sous deux caractères et *x*.

	Ch.	gn.	ph.	Qu, qu. x.
1.	juché	*la* Chicane	Acharné	charbonné
	la jachère	Achève	*la* Chemise	charnelle
	chargé	*la* Lâcheté	*la* Richesse	chiffonné
	le chariage	*la* Chimère	*la* Chapelle	*la* chenevotte
2.	niable	*la* Linière	*la* Manière	*la* signature
	le signal	Maligne	Épargné	*le* rossignol
	la vigne	Ignace	Ignoré	*le* GaGNaGe
	gagné	Ignoble	*l'*Ivrogne	*la* cigogne
3.	*la* coque	*la* Colique	*la* Qualité	*l'*aqueduc
	le casque	*la* Casquette	Liquide	quatorze
	la quête	*l'*Équité	Quotité	équarrir
	quatre	*l'*Équerre	*la* Querelle	quelque
4.	fanc	Profane	Philippe	*le* blasphème
	le phare	*le* Prophète	*l'*Épitaphe	*le* phosphore
	la phase	*le* Phalène	*la* Strophe	*l'*apostrophe
5.	succède	*l'*Élixir	*l'*Excuse	*le* prétexte
	le luxe	Félix	Excepté	extrême
	le phénix	*l'*Annexe	Exposé	expliqué

N.º 19.   Continuation.

la tache	*la* sphère	*la* charité	„ " „
la tâche	*la* besogne	*la* fabrique	examiné
le signe	*la* flèche	*la* brignole	exagère
la taxe	*l'* extase	*l'* axiome	exécuté
le risque	*le* chiffre	*l'* échine	*l'* exercice
piqué	résigné	réfléchi	exige
le règne	*le* masque	flexible	existe
le sexe	signalé	*le* squelette	*le* sixième
la chose	mixte	*l'* Espagnol	*le* dixième
la pâque	désigné	déchargé	*le* coq
rogné	Joseph	rechigne	*la* piqûre
la rixe	ignoble	*l'* équinoxe	acquérir
le péché	chaque	écorché	acquiescé
la pêche	signifié	*le* quatrième	*l'* équestre
quitte	*la* chute	égratigné	aquatique
sèche	*la* musique	*la* rognure	*le* schisme
digne	*la* dignité	mignonne	*l'* orchestre
fixé	chaste	*le* télégraphe	Christophe
la ligne	*le* zéphir	éphémère	Jéricho, etc.

N.° 20. Voyelles composées *au* et *oi*.

au et eau = ô. oi = oa.

ôte	boire	*le* sauvage	*le* taureau
*l'*aune	*la* poire	*le* rideau	*l'*aumône
la sauce	choisi	*le* sarcloir	*le* réservoir
*l'*autel	*le* loisir	*la* voiture	exaucé
*l'*eau	*le* charroi	éloigné	*l'*armoire
le seau	soigné	*le* ciseau	causette
beau	moisi	quoique	témoigne
la peau	croisé	*le* gâteau	ressaute
le veau	quoi	*le* crachoir	*l'*arrosoir
le fléau	*le* goître	*l'*agneau	*la* noisette
la cause	*la* toise	*l'*ardoise	*le* caustique
jaune	*la* boîte	*le* fuseau	*la* saucisse
haute	avoir	*l'*audace	moissonné
sauvé	devoir	*la* victoire	appauvri
la faute	*le* miroir	*le* tonneau	*la* mâchoire
*l'*aube	*le* poil	*l'*auberge	*l'*écritoire
autre	*la* toile	*le* cerceau	maussade
la sauge	*l'*ivoire	*le* moineau	*l'*écumoire

N.° 21. Voyelles composées *eu* et *ai*.

eu et œu.   ai = è.

bleu	*le* chêne	ramène	*la* baignoire
seul	*la* chaîne	*le* domaine	*l'* abreuvoir
le feu	saisi	*l'* auteur	*la* châtaigne
la fleur	*la* fraise	*la* hauteur	mauvaise
la peur	*la* braise	pleuvoir	*le* chicaneur
le vœu	*la* chaise	*l'* aveugle	*la* faiblesse
l' œuf	*la* haine	boiteuse	éclaircir
le bœuf	*la* chair	laideur	rajeunir
la sœur	*la* chaire	*le* libraire	ressaisir
le cœur	*le* plaisir	aqueuse	*le* blaireau
la pleurésie	*le* glaive	*la* noirceur	peureuse
l' aveu	*l'* éclair	*l'* affaire	orageuse
le neveu	plaide	*le* baigneur	ordinaire
le cheveu	aigu	*la* fadaise	*le* créateur
creusé	baise	hideuse	*la* jeunesse
la pâleur	*la* baisse	*le* faucheur	paisible
la vapeur	*le* délai	*le* prôneur	*le* zélateur
jeune	*le* relai	*le* quêteur	*la* semaine
le jeûne	balai	*le* juchoir	*le* naufrage

N.º 22.   Voyelles composées *ou* et *ei*.

        ou.   ei = è.

le clou	mène	étourdi	*la* nourrice
le chou	*la* reine	*l'*amadou	*la* coulisse
le trou	*la* laine	*le* peigne	*l'*éteignoir
le jour	seize	*le* cousoir	*la* fougère
la tour	plaire	*la* fourmi	*la* douzaine
le four	blesse	*la* teigne	*le* saigneur
oui	*la* mèche	*la* fourche	*le* seigneur
rouge	*la* neige	vouloir	accroupi
douze	vaine	adoucir	*le* fourneau
douze	*la* veine	*le* vautour	pourquoi
tousse	treize	*le* bouleau	*l'*ouvrage
le souci	*la* tresse	*le* couteau	*le* mouchoir
le bijou	baigne	*la* douceur	*la* ciboule
goûte	*la* plaine	*la* rougeur	retroussé
la goutte	pleine	*le* courage	ressoudé
la voûte	saigne	*la* baleine	résoudre
le hibou	*la* peine	*la* boutique	*le* souffleur
le joujou	gêne	*le* rouleau	neigeuse
le genou	traîne	soulagé	*l'*étourneau

N.° 23.   Mélange de voyelles composées.

l' Assommoir	Auxiliaire	*la* moisissure
Belliqueuse	Bouleversé	*la* circulaire
le Chamoiseur	*la* Couleuvre	*le* chalumeau
Dédaigneuse	Découverte	*l'* adversaire
Écussonnoir	Effarouché	courageuse
la Fournaise	*la* Fourchette	*le* rémouleur
la Grammaire	*le* Garnisseur	*la* couverture
Hargneuse	Haineuse	*la* moustache
Immeuble	Imaginaire	soupçonne
le Janissaire	Journalière	courroucé
la Manœuvre	*le* Moissonneur	boutonné
Nécessaire	*la* Noircissure	réchauffé
Obligatoire	Oculaire	*le* couvercle
le Précepteur	*le* Pacificateur	*l'* autographe
le Questionneur	*la* Quinzaine	caustique
Ressouvenir	*le* Raisonneur	cramoisi
Soigneuse	*le* Secrétaire	magnifique
le Témoignage	*la* Tourterelle	*le* vaisseau
Usuraire	*l'* Usurpateur	*la* demoiselle
Vexatoire	Vigoureuse	soustraire

2

N.° 24.   Nasales *on* et *un*.

on, om;		un, um.	
colonne	l'once	l'éponge	aucune
le coton	onze	la consonne	aucun
moissonne	l'ongle	la semonce	brune
la moisson	rongé	confondu	brun
pardonne	la ronce	répondu	chacune
le pardon	la honte	succombe	chacun
soupçonne	le songe	le tombeau	une
le soupçon	la conque	la colombe	un
donné	le congé	complexe	la tribune
le don	conçu	accompli	le tribun
chiffonne	l'ombre	complète	la commune
le chiffon	sombre	la compagne	commun
bonne	la bombe	le monceau	allume
bon	tombé	la fontaine	l'alun
raisonne	plombé	le sonneur	parfume
la raison	la pompe	le fleuron	le parfum
maçonne	trompé	la montagne	le lundi
le maçon	rompu	le forgeron	défunte
l'oignon	la saison	conquérir	le siphon

N.° 25.   Nasale *an*

an, am;		en, em.	
Anne	*la* grange	*le* tambour	*la* framboise
*l'*an	*le* safran	*le* flambeau	*l'*étrangère
vanné	manqué	*le* jambon	quarante
le van	*le* cadran	*le* cantique	emprunté
tanné	*la* hanche	ambigu	*l'*exemple
le tan	*l'*encan	*le* vengeur	enchaîné
*l'*ange	*la* crampe	*le* camphre	enchanté
*l'*anse	*le* satan	*l'*ennemi	*l'*enjôleur
entre	*le* change	*l'*enfance	empoigné
le centre	*le* ruban	*le* rongeur	*le* fantôme
trente	tendre	enragé	*l'*empeigne
vengé	*l'*emploi	enfoncé	*la* sentence
le genre	*la* trempe	*le* manchon	*la* campagne
*l'*ambre	*l'*enjeu	*le* lambeau	*la* quantité
ample	rempli	*la* régence	enseigné
la lampe	*l'*élan	*la* séance	*le* mensonge
le membre	*la* jambe	*l'*artisan	*l'*anxiété
semble	Jeanne	*la* chanson	soixante
le temple	Jean	*le* mélange	ressentir

N.º 26. Nasale *in*.

in, im; ain, aim; ein; ien, éen.

badine	*le* singe	*le* timbre	*le* maroquin
badin	*le* bain	*la* cymbale	immense
la voisine	ainsi	imbu	importun
le voisin	bien	regimbe	*la* quinzaine
vaine	*le* dessein	simple	cinquante
vain	*la* main	impoli	*la* teinture
saine	*le* tocsin	impair	*l'* orphelin
sain	*le* frein	limpide	*la* peinture
la naine	*l'* essaim	*l'* épingle	indigne
le nain	*le* chien	vilain	*le* fantassin
pleine	*le* serein	hautain	*le* pharisien
plein	*le* linceul	*le* gardien	*le* sadducéen
mienne	rien	quinze	*l'* européen
mien	limphe	plaintif	*le* médecin
sienne	cinq	craindre	*l'* aisance
sien	*le* linge	plantain	quotidien
tienne	*la* faim	*le* magasin	*le* ceinturon
tien	certain	*le* prochain	*l'* empreinte
le soutien	*le* juin	sixain	*le* musicien

N.° 27. Mélange de Nasales.

*l'*Antiquité	enfantin	,, " ,,
la Bienséance	*le* champignon	*l'*ennui
le Compagnon	quiconque	enivré
la Diligence	*l'*existence	ennoblir
*l'*Étincelle	*l'*encoignure	emmanché
Fréquente	Alexandre	emmené
la Gangrène	*l'*ignorance	damné
le Hanneton	*la* contrainte	condamné
le Jambage	*le* chaudron	*l'*automne
*l'*Immondice	*la* récompense	solennel
le Lendemain	*l'*intervalle	*l'*examen
le Maquignon	circonflexe	*la* science
le Novembre	*l'*innocence	*la* conscience
*l'*Orange	*la* centaine	*l'*expérience
la Pénitence	repeindre	Jérusalem
la Quittance	occidental	Sélim
la Revanche	*l'*importance	*le* paon
le Souverain	*la* pamoison	*le* faon
le Triomphe	*l'*instituteur	*le* taon
*l'*Ustensile	empoisonné	*la* femme, etc.

N.° 28.   Rencontre de voyelles.

la Nuée	la Pluie	le Besoin	la Sueur
la poignée	la suie	la jointure	vertueuse
la pincée	la truite	pointu	envieuse
la rosée	le Suisse	moindre	sérieuse
la Bougie	le buisson	lointain	le Suaire
la prairie	la cuisine	la Religion	mortuaire
Marie	la cuisson	la discussion	le sanctuaire
la Haie	DIEU	la question	la Douane
la plaie	l'essieu	la mixtion	le rouage
la craie	l'adieu	la pension	l'affouage
l'Oie	le milieu	la confusion	la Girouette
la joie	la Fiole	la Matière	la pirouette
la soie	la pioche	la lisière	la chouette
la Laitue	la babiole	la laitière	la brouette
la statue	la cloche	la paupière	bleuâtre
cousue	la pitié	la tabatière	Noueuse
la Joue	la moitié	la civière	boueuse
la moue	l'amitié	le cimetière	le joueur
cloue	la Fouine	la salière	le douaire
la Queue	enfoui	le concierge	la louange

N.º 29.   Y, y comme double et simple i.

l'Étai	le crayon	la bruyère	l'Yeuse
étayé	le voyage	moyenne	la syllabe
le balai	le moyen	la croyance	le tyran
balayé	le tuyau	employé	le symbole
l'essai	le paysan	le royaume	le mystère
essayé	enrayé	le citoyen	le martyr
gai	noyé	pitoyable	la symétrie
égayé	délayé	effrayé	le syndic
le Roi	broyé	déblaya	le système
royal	le hoyau	grasseyé	le zoophyte
l'envoi	le rayon	ennuya	le myrte
envoyé	ployé	joyeuse	l'Égypte
la loi	tutoyé	monnayé	le tympan
loyal	le doyen	écuyère	le polype
l'Ennui	la frayeur	l'aboyeur	le gymnase
ennuyé	essuya	la loyauté	la paralysie
l'appui	le boyau	mitoyen	la pyramide
appuyé	bégaya	défrayé	le cygne
essuie	nettoyé	le fossoyeur	le lycée
essuyé	le noyau	attrayante	le péristyle

N.° 30.   *L* mouillé.

il, ail, eil, euil, ouil.

le Babil	*la* Bile	*le* tilleul	*l'* appareil
avril	*la* bille	*le* grillon	*l'* écureuil
le Canal	*la* quille	*le* bouillon	*la* patrouille
le détail	*la* grille	mouillé	*la* groseille
le bétail	Pallie	meilleur	*l'* éventail
le portail	*la* paille	*l'* oseille	*le* bataillon
le travail	rallie	nasille	gazouille
le Dégel	raille	*la* faucille	*la* chenille
le réveil	*le* haillon	*le* sommeil	*le* bouvreuil
le soleil	Telle	*la* famille	*le* détailleur
le conseil	*la* teille	*le* tailleur	*le* papillon
l' orteil	*la* treille	*l'* attirail	*la* mouillette
Seul	*l'* oreille	*la* volaille	*le* corbillon
le seuil	*la* Meule	*l'* abeille	*le* feuillage
le deuil	*la* feuille	*le* brouillon	*le* soupirail
le cerfeuil	veuille	*le* fauteuil	*la* quenouille
l' œil	*la* Poulie	*le* chevreuil	*la* vieillesse
Toul	*le* bouilli	*l'* écaille	chatouillé
le fenouil	fouillé	*l'* œillade	*la* muraille

N.° 31.   Ti — sí, emm — amm.

la Conversion	*la* Perfection	Essentiel
la dévotion	perfectionne	partiel
l' intention	*la* nation	initial
l' affliction	national	impartial
l' instruction	*la* faction	Égyptien
la protection	*le* factionnaire	Dioclétien
l' attention	*l'* ambition	balbutie
la situation	ambitieuse	*la* prophétie
la digeStion	*la* condition	*la* garanTie
la miXtion	conditionnel	*l'* inimiTié

Bruyamment   Vaillamment
diligemment   indifféremment
essentiellement   conditionnellement
complaisamment   exorbitamment
excellemment   évidemment
merveilleusement   dédaigneusement
nonchalamment   abondamment
imprudemment   conséquemment
impitoyablement   ennuyeusement

N.º 32.- Expédiens pour changer la valeur de quelques lettres.

1. *la* Pelouse   *la* trace   menace   *l'*angoisse
   la mousse   *le* traçoir   menaça   *la* gerçure
   la classe   perce   force   *la* chaussée
   *l'*échasse   *le* perçoir   força   *la* façade

2. *l'*Orge   *le* goujon   *la* guérison   *l'*aiguière
   *l'*orgUe   *le* pigEon   *la* nageoire   *la* mangeaille
   *l'*égide   *le* nageur   *la* guitarre   exigeante
   le guide   *le* plongeon   *le* bourgeon   aiguisé
   la langue   *le* bougeoir   *le* fourgon   *l'*aigUille
   la guêpe   *la* rougeole   déguisé   *l'*aiguillon
   sanguin   *la* gageure   *la* guenille   aiguillée

3. *la* Figue   *le* réseau   *le* faisan   moisi
   la ciguë   Ésaü   *la* faïence   Moïse
   remue   *le* saule   *le* paysan   naître
   digué   Saül   *le* païen   *la* naïveté
   aiguë   Emmaüs   Caïphe   *le* paysage

4. *le* Seuil   *le* cerfeuil   *l'*accueil   *le* feuillage
   *l'*écueil   *le* cercueil   *le* recueil   *le* cueilloir
   *l'*orgueil   cueillir   *la* cuiller   recueilli

N.° 33.   Consonnes nulles.

S	*le* palais	*le* sourcil	grand
le Repas	*le* marais	*C*	répand
le verglas	*le* harnais	Blanc	fend
le succès	*le* mois	*le* banc	vend
le procès	*le* minois	*le* franc	prend
envers	*le* carquois	*l'*estomac	rond
le tamis	toujours	*le* tabac	bond
le logis	*le* discours	*D*	fond
le châssis	*le* velours	*l'*Égard	*G*
le taillis	dessous	*le* poignard	*le* Hareng
le croquis	ailleurs	*le* brouillard	*le* bourg
le repos	moins	*le* hasard	*l'*étang
le propos	*Z*	*le* réchaud	*le* sang
*l'*enclos	*le* Nez (é)	*le* crapaud	*P*
le héros	chez	*l'*échafaud	*le* Drap
alors	assez	laid	trop
dehors	*le* riz	*le* nid	beaucoup
le refus	*L*	*le* froid	*le* champ
dessus	*le* Fusil	rémoud	*le* sirop
JÉSUS	*l'*outil	coud	*le* galop

N.º 84.   Continuation.

R	T	l'affût	X
le Foyer (é)	le Soldat	le bout	le Choix
le boucher	l'éclat	tout	mielleux
le pilier	l'état	le coût	la croix
piller	le portrait	émeut	écailleux
soigner	l'œillet (é)	peut	la voix
payer	le briquet	veut	les noyaux
sautiller	le plumet	le renfort	tout
fouiller	le juillet	parvint	les manteaux
balayer	l'alphabet	le saint	doux
essayer	l'enfant	devint	joyeux
mouiller	le ciment	maint	les travaux
donner	absent	feint	le porte-faix
guider	constant	vient	la paix
gagner	minuit	tient	le jaloux
essuyer	le lait	le teint	deux
le geolier	le trait	courront	le courroux
le faïencier	le haricot	le défunt	dessaix
le bijoutier	le depôt	le point	les tonneaux
brouiller	le rebut	mourront	six, dix

N.° 35.   Consonnes nulles, puis *k* et *w*.

TH	Boursault	distinct	*GS*
le Goth	perrault	*l'*instinct	*le* Legs (é)
LT	*CT*	succinct	*FS*
Quinault	Suspect (é)	*GT*	*les* bœufs
briffault	*l'*aspect	*le* Doigt	*les* œufs
arnault	*le* respect	vingt	*les* nerfs

*l'*Heure	*le* rhume	*l'*horloger	heureux
*l'*herbe	*le* thym	*l'*habitant	gothique
*l'*homme	trahir	honnête	*l'*héritage
*l'*habit	*la* méthode	*l'*héroïne	*le* souhait
*l'*honneur	*le* bonheur	*le* cahot	*l'*héritier
*l'*hôpital	*le* malheur	*le* chaos	*l'*histoire
*l'*humble	*la* théière	*le* chrétien	*la* trahison
*l'*hymne	*le* cahier	*l'*horizon	*l'*horloge

le canon	Kibourg	*le* Valon	*la* Norwège
le Kagne	*le* kadi	walon	*l'*ukase
tokai	Kaminiec	Worms	Waldek
le kiosque	*la* kirielle	Waal	Iwan

N.° 36. Les noms et leur genre. Liaison.

un	homme	chat	nez	nœud
une	femme	chatte	joue	fleur
un	oncle	bouc	bras	coup
une	tante	chèvre	tête	rue
le	voisin	chien	pouls	maïs
la	voisine	chienne	vue	poix
ce	fils	cheval	corps	pays
cette	fille	jument	ame	chaux
mon	père	bœuf	œil	art
ma	mère	vache	main	faux
ton	frère	coq	doigt	lard
ta	sœur	poule	dent	scie
son	neveu	agneau	sang	temps
sa	nièce	brebis	peau	soie
notre	amie	âne	pied	ouïe
votre	ami	truie	cœur	bail
leur	enfant	pigeon	dos	prix

N.º 37.   Pluriel des noms. Liaison.

1. Mon arrangement,   mes arrangementS.
   ma démangeaison,   mes démangeaisonS.
   ton exemplaire,   tes exemplaireS.
   ta complaisance,   tes complaisanceS.
   son inclination,   ses inclinationS.
   sa hallebarde,   ses hallebardeS.
   notre intrigue,   nos intrigueS.
   votre honnêteté,   vos honnêtetéS.
   leur habillement,   leurs habillementS.
   ce montagnard,   ces montagnardS.
   cet enfantillage,   ces enfantillageS.
   cette broussaille,   ces broussailleS.
   le champignon,   les champignonS.
   la boulangère,   les boulangèreS.
2. Un aloyau,   des aloyauX.
   un camaïeu,   vingt camaïeuX.
   un sapajou,   dix sapajouX.
3. un animal,   six animAUX.
4. un embarras,   deux embarras.
   un porte-voix,   trois porte-voix.

N.° 38.   Noms avec adjectifs. Liaison.

Le petit enfant,	les petits enfants.
la petite fille,	les petites filles.
un grand arbre,	de grands arbres.
une grande haie,	de grandes haies.
le bon estomac,	les bons estomacs.
la bonne eau,	les bonnes eaux.
un gros homme,	de gros hommes.
une grosse vache,	de grosses vaches.
mon beau cheval,	mes beaux chevaux.
ma belle allée,	mes belles allées.
ton bon œil,	tes bons yeux.
son habit neuf,	ses habits neufs.
le cheveu gris,	les cheveux gris.
un jour heureux,	des jours heureux.
la nuit obscure,	les nuits obscures.
un fruit vert,	des fruits verts.
le fils ingrat,	les fils ingrats.
la bouteille vide,	les bouteilles vides.
un ami fidèle,	des amis fidèles.
la plainte amère,	les plaintes amères.

N.º 39.   Terminaisons des verbes. Liaison.

JE (J')	TU	IL, ELLE, LOUIS, etc.	
1. suis, ai	es, as	est, a	*à présent.*
conduis	conduis	conduit	. . .
veille	veilles	veille	. . .
exige	exiges	exige	. . .
2. serois (é)	serois	seroit	*en ce moment.*
aurois	aurois	auroit	. . .
viendrais	viendrais	viendrait	. . .
3. étois (é)	étois	étoit	*alors.*
avois	avois	avoit	. . .
voyais	voyais	voyait	. . .
4. fus, eus	fus, eus	fut, eut	*avant-hier.*
rendis	rendis	rendit	. . .
perçai (é)	perças	perça	. . .
soignai	soignas	soigna	. . .
bougeai	bougeas	bougea	. . .
5. serai (é)	seras	sera	*après-demain.*
aurai	auras	aura	. . .
taillerai	tailleras	taillera	. . .

N.° 40.   Continuation.

NOUS,	VOUS,	ILS, elles, nos amis	
1. sommes	êtes	sont	
avons	avez (é)	ont	à présent.
balayons	balayez	balaient	
cueillons	cueillez	cueillent	
2. serions	seriez	seroient	
aurions	auriez	auroient	en ce moment.
tiendrions	tiendriez	tiendraient	
3. étions	étiez	étoient	
avions	aviez	avoient	alors.
payions	payiez	payaient	
fatiguions	fatiguiez	fatiguaient	
4. fûmes	fûtes	furent	
eûmes	eûtes	eurent	avant-hier.
logeâmes	logeâtes	logèrent	
emplîmes	emplîtes	emplirent	
5. serons	serez	seront	
aurons	aurez	auront	après-midi.
tâcherons	tâcherez	tâcheront	

N.° 41.   Continuation.

1. J'ai | été,   aimé,   ouvert,   élargi.
   Tu as | eu,   oublié, souffert, achevé.
   Il a | eu,   dormi,   défait,   envoyé.
   Nous avons | appris écrit,   éveillé.
   Vous avez | cousu, aperçu, accueilli.
   Ils ont | rompu, épargné, ajouté.

2.   ON VEUT

que je | sois *ici.* aie *envie.* fasse *honneur.*
que tu | sois   —   aies   —   fasses   —
qu'il | soit   —   ait   —   fasse   —
que nous | soyons —   ayons —   fassions —
que vous | soyez —   ayez   —   fassiez —
qu'ils | soient —   aient —   fassent —

3.   ON VOULAIT

que je | fusse *au logis.* eusse *à cœur.* fisse *un pas.*
que tu | fusses   —   eusses   —   fisses   —
qu'il | fût   —   eût   —   fît   —
que nous | fussions —   eussions —   fissions —
que vous | fussiez —   eussiez —   fissiez —
qu'ils | fussent —   eussent —   fissent —

N.° 42.   Terminaisons comparées.

La paix	la croix	1. Les négligents
J'apaisai	tu croisois	ils négligent
le délai	Je crois	le précédent
J'enverrai	tu croyois	ils précèdent
le geai	je bois	un expédient
je jugeai	tu boirois	ils expédient
le balai	je vois	il est content
je balayai	tu voyois	ils content
un essai	le choix	le différent
j'essayai	je choisirois	ils diffèrent
tu plais	tu toises	le vin violent
tu plaisais	je toisois	ils violent la loi
je plairai	il doit	2. Nous portions
tu tais	tu devrois	les portions
je tairais	il nioit	nous objections
je tairai	tu avouois	les objections
la haine	il moisiroit	nous affections
je haïrai	ton effroi	les affections
tu trahirais	j'effrayois	nous exceptions
ils avaient	ils étoient	les exceptions

N.° 43. Apostrophe et ponctuation.

Je bénis et j'adore le Seigneur.
Mon père me nourrit et m'habille.
Je suis en classe et je m'y plais.
Dieu te voit et t'accompagne partout.
Mes sœurs se voient et s'aiment.
Ce petit s'applique au travail.
Pardonner, c'est ton devoir.
L'ennui est le fils de l'oisiveté.
Nous venons de Dieu et d'Adam.
Occupe-toi d'une manière utile.
Si tu fais bien, tu seras bien.
S'il veut s'aider, on l'aidera.
O qu'il est beau de s'instruire !
On cueille ce qu'on a semé.
L'égoïste ne voit et n'aime que soi.
On n'est pas bon, quand on ment.
N'allez pas avec les méchants.
As-tu vu le bel arc-en-ciel ?
Un fils (ô crime !) a insulté sa mère.
Dieu dit : « Que la lumière soit ! »

N.° 44 et dernier.   Contin. Noms et suite des Lettres.

L'ame des paresseux ressemble à un champ qu'on ne cultive pas ; il ne produit que des ronces et des épines.

Titus, à la fin d'un jour qu'il n'avait pu signaler par aucun bienfait, dit : « Mes amis, j'ai perdu ma journée. »

Que l'enfant Jésus soit notre modèle : il était soumis, et il croissait en sagesse comme en âge.

O Éternel ! que tes œuvres sont en grand nombre ! Tu les as faites avec sagesse ; la Terre est pleine de tes richesses !

A B C D E F G H I J K L M N
O P Q R S T U V W X Y Z.
a b c d e f g h i j k l m n
o p q r s (ſ) t u v w x y z.

PRIÈRES.

ORAISON DOMINICALE.

Notre père, qui êtes aux Cieux, que votre nom soit sanctifié; que votre règne arrive; que votre volonté soit faite sur la terre comme dans le Ciel : donnez-nous aujourd'hui notre pain de chaque jour; pardonnez-nous nos offenses, comme nous pardonnons à ceux qui nous ont offensés; et ne nous laissez pas succomber à la tentation, mais délivrez-nous du mal. Ainsi soit-il.

SALUTATION ANGÉLIQUE.

Je vous salue, Marie, pleine de grâce; le Seigneur est avec vous : vous êtes bénie entre toutes les femmes, et Jésus, le fruit de vos entrailles, est béni.

Sainte Marie, Mère de Dieu, priez pour nous, pauvres pécheurs, maintenant et à l'heure de notre mort. Ainsi soit-il.

SYMBOLE DES APOTRES.

Je crois en Dieu le Père tout-puissant, Créateur du ciel et de la terre; et en Jésus-Christ, son fils unique, notre Seigneur, qui a été conçu du Saint-Esprit, est né de la Vierge Marie, a souffert sous Ponce-Pilate, a été crucifié, est mort, a été enseveli; est descendu aux enfers, le troisième jour est ressuscité des morts; est monté aux cieux; est assis à la droite de Dieu le Père tout-puissant, d'où il viendra juger les vivans et les morts.

Je crois au Saint-Esprit, à la Sainte Église catholique, la Communion des Saints, la rémission des péchés, la résurrection de la chair et la vie éternelle.

CONFESSION DES PÉCHÉS.

Je confesse à Dieu tout-puissant, à la bienheureuse Marie toujours Vierge, à saint Michel Archange, à saint Jean-Baptiste, aux Apôtres saint Pierre et saint Paul, à tous les Saints, et à vous, mon Père, que j'ai beaucoup péché par pensées, par paroles et par actions : c'est ma faute, c'est ma faute; c'est ma très-grande faute. C'est pourquoi je prie la bienheureuse Marie toujours Vierge, saint Michel Archange, saint Jean-Baptiste, les Apôtres saint Pierre et saint Paul, tous les Saints, et vous, mon Père, de prier pour moi le Seigneur notre Dieu.

Que le Dieu Tout-Puissant nous fasse miséricorde, et qu'après nous avoir pardonné nos péchés, il nous conduise à la vie éternelle. Ainsi soit-il.

Que le Seigneur Tout-Puissant et miséricordieux nous accorde le pardon, l'absolution et la rémission de tous nos péchés. Ainsi soit-il.

PRIÈRES DU MATIN.

Au nom du Père, et du Fils, et du Saint-Esprit. Ainsi soit-il.

(*Mettons-nous en la présence de Dieu; adorons-le et remercions-le de tous ses bienfaits.*)

Dieu tout-puissant, qui nous avez créés à votre image, et qui nous avez faits capables de vous aimer et de vous posséder éternellement, nous vous adorons en toute humilité, comme le souverain Seigneur de toutes choses. Nous espérons en vous, parce que vous êtes bon. Nous vous aimons de tout notre cœur, parce que vous êtes souverainement aimable.

O Dieu, qui avez tout en votre puissance, nous reconnoissons que nous n'avons rien qui ne vienne de vous. Nous ne cesserons de publier vos miséricordes et de vous remercier de tous vos bienfaits, surtout de nous avoir éclairés de la vraie foi, en nous plaçant dans le sein de votre véritable Église, et de nous avoir préservés de tout fâcheux accident durant cette nuit.

(*Pensons aux péchés que nous commettons le plus souvent; prévoyons les occasions qui nous font plus ordinairement offenser Dieu, et prenons la résolution d'éviter telle occasion, telle faute en particulier.*)

Pause.

(*Demandons à Dieu la grâce de ne plus l'offenser, et offrons-lui toutes les actions de cette journée.*)

Seigneur, Dieu tout-puissant, qui nous avez fait arriver au commencement de ce jour, sauvez-nous par votre puissance, afin que durant cette journée nous ne commettions aucun péché; mais que toutes nos pensées, nos paroles et nos actions, étant conduites par votre grâce, ne tendent qu'à l'accomplissement de votre sainte loi : par notre Seigneur Jésus-Christ votre Fils, qui vit et règne avec vous en l'unité du Saint-Esprit, dans tous les siècles des siècles. Ainsi soit-il.

(*Pour obtenir de Dieu toutes ses grâces, adressons-lui la prière que notre Seigneur Jésus-Christ nous a enseignée.*)

Notre Père, etc. (Voyez page 47.)

(*Prions la bienheureuse vierge Marie d'intercéder pour nous auprès de Dieu.*)

Je vous salue, etc. (Voyez la même page.)

(*Ranimons notre foi, en récitant le symbole.*)

Je crois en Dieu, etc. (Voyez la même page.)

Que la sainte Vierge, les saints Anges et tous les Saints intercèdent pour nous auprès de notre Seigneur Jésus-Christ.

Que le Seigneur tout-puissant dirige toutes nos actions et les rende conformes à sa sainte volonté; qu'il nous préserve de tout mal; qu'il nous conduise à la vie éternelle, et que, par sa miséricorde, les ames des fidèles trépassés reposent en paix. Ainsi soit-il.

PRIÈRES DU SOIR.

In nomine Patris, et Filii, et Spiritûs Sancti. Amen.

(*Mettons-nous en la présence de Dieu, adorons-le et remercions-le de tous ses bienfaits.*)

Nous vous adorons, ô mon Dieu qui êtes ici présent; nous vous louons; nous vous aimons et vous reconnoissons comme le père des miséricordes et la source de tout bien ; nous vous rendons grâces, de tout notre cœur, de tous vos bienfaits et en particulier de ceux que nous avons reçus aujourd'hui de votre bonté infinie.

(*Demandons l'assistance du Saint-Esprit pour connoître et détester nos péchés.*)

Esprit Saint, répandez dans notre ame les rayons de votre lumière, et faites-nous connoître le nombre et la griéveté de nos fautes ; brûlez notre cœur du feu de votre amour, afin que nous détestions nos péchés, et que nous ressentions une vive douleur de les avoir commis.

(*Examinons notre conscience sur les fautes que nous avons commises aujourd'hui par pensées, par paroles, par actions, par omissions, contre Dieu, contre le prochain, contre nous-mêmes ; et arrêtons-nous en particulier aux péchés que nous commettons le plus souvent.*)

Pause.

(*Témoignons à Dieu notre regret de l'avoir offensé.*)

Mon Dieu, nous vous demandons très-humblement pardon et miséricorde, par notre Seigneur Jésus-Christ votre Fils. Nous avons un extrême regret de vous avoir offensé. Nous détestons nos péchés, parce qu'ils vous déplaisent, et que vous êtes infiniment bon. Nous promettons, moyennant votre sainte grâce, de n'y plus retomber, d'en éviter les occasions, et d'en faire pénitence.

Mon Dieu, ne nous traitez pas selon nos iniquités, et ne nous punissez pas comme nous l'avons mérité par nos offenses ; mais faites paroître sur nous les effets de votre ineffable miséricorde. Corrigez nos mauvaises inclinations ; délivrez-nous de tout péché ; préservez-nous d'une mort imprévue, et accordez-nous la grâce de faire pénitence et de mourir dans votre amour. Ainsi soit-il.

Je confesse à Dieu, etc. (Voyez page 48.)
Notre Père, etc. (Voyez page 47.)
Je vous salue, etc. (Voyez la même page.)
Je crois en Dieu, etc. (Voyez la même page.)

Grand Dieu, nous vous prions avec instance pour notre saint père le Pape, pour notre Évêque, pour notre Roi, pour tous ceux qui nous gouvernent et qui nous conduisent, pour nos parens, nos amis et nos ennemis, et généralement pour tous nos frères absens ; bénissez-les tous, et conduisez-les dans la voie du salut éternel.

Nous vous prions aussi, Seigneur, pour les ames de vos serviteurs et de vos servantes qui souffrent dans le purgatoire. Accordez-leur la rémission de tous leurs péchés, et faites-les entrer dans le séjour du bonheur, après lequel elles ont toujours soupiré. Nous le demandons par notre Seigneur Jésus-Christ, qui vit et règne avec vous, en l'unité du Saint-Esprit, dans les siècles des siècles. Ainsi soit-il.

(*Demandons à Dieu la grâce de ne commettre aucun péché durant cette nuit.*)

Mon Dieu, faites que nous nous tenions toujours sur nos gardes, et que nous veillions sans cesse, parce que le démon, notre ennemi, tourne autour de nous comme un lion rugissant pour nous dévorer. Donnez-nous la force de lui résister et de demeurer fermes dans la foi.

Sainte vierge Marie, Mère de Dieu, priez pour nous. Saints Anges Gardiens, veillez autour de nous. Saints et Saintes, intercédez pour nous.

Que le Seigneur tout-puissant et tout miséricordieux, Père, Fils et Saint-Esprit, nous donne une nuit tranquille et une heureuse fin. Ainsi soit-il.

www.ingramcontent.com/pod-product-compliance
Lightning Source LLC
LaVergne TN
LVHW021707080426
835510LV00011B/1637